ТЕОРИЯ ДЛИННОГО ХВОСТА ДЛЯ БИЗНЕСА

Найти свою нишу и защитить свой бизнес от будущего

ТЕОРИЯ ДЛИННОГО ХВОСТА ДЛЯ БИЗНЕСА

Найти свою нишу и защитить свой бизнес от будущего

написанный Ariane de Saeger
в переводе Nastia Abramov

ТЕОРИЯ ДЛИННОГО ХВОСТА ДЛЯ БИЗНЕСА

КЛЮЧЕВАЯ ИНФОРМАЦИЯ

- **Название:** теория длинного хвоста.

- **Использование:** это понятие относится ко всем продуктам, предлагаемым компанией, которые продаются в количестве всего нескольких единиц, но сумма их продаж может превышать доход от самых продаваемых продуктов. Это то же самое, что сказать, что самые популярные и продаваемые товары приносят лишь меньшую часть оборота, эффект массы играет в пользу более маргинальных товаров.

- **Почему она эффективна?** Включение такой стратегии позволяет компании получать выгоду от постоянных продаж всего портфеля продукции.

- **Ключевые слова:**

  - <u>Бестселлер</u>: флагманский продукт, на который часто выделяется большой рекламный бюджет и который приносит рекордные доходы.

  - <u>Электронная коммерция</u>: онлайн-торговля (через Интернет).

- Стоимость упущенных возможностей: указание на потери, вызванные вложением ресурсов в одну функцию в большей степени, чем в другую.

- Прибыль: финансовая выгода от какого-либо действия. Например, продажа – это действие, которое может принести прибыль или убытки.

- Прибыльный: то, что приносит вознаграждение или определенную сумму прибыли.

- Статистика: набор данных, относящихся к группе лиц или единиц, позволяющий наблюдать тенденции.

- Оборот: накопленная и зафиксированная стоимость – обычно за период в один год – от продажи товаров и услуг, предлагаемых компанией.

ВВЕДЕНИЕ

Теория длинного хвоста была введена в 2004 году Крисом Андерсоном (редактор журнала *Wired*, родился в 1961 году) и стала результатом эссе Клэя Ширки (специалист по новым информационным и коммуникационным технологиям, родился в 1964 году), в котором говорится, что некоторые блоги имеют значительное количество веб-ссылок, указывающих на них, в то время как большинство блогов имеют лишь очень небольшое количество ссылок, указывающих на них.

Крис Андерсон развивает эту мысль, пытаясь объяснить современные и будущие экономические модели (как часть цифровой экономики). Он описывает, как, по его мнению, все продукты с низким спросом могут в совокупности генерировать значительный оборот.

Однако именно появление и растущее использование цифровых технологий делает возможной экономическую модель "длинного хвоста": предприниматели, получающие выгоду от очень низких затрат на хранение, иногда нулевых или "виртуальных", при продаже цифровых продуктов (электронных книг, онлайн-фильмов, музыки и т.д.), теперь могут предлагать широкий каталог онлайн, что диверсифицирует предложение и радует тех, кто предпочитает маржинальные активы.

ОПРЕДЕЛЕНИЕ МОДЕЛИ

Длинный хвост – это экономико-статистическая концепция, которая иллюстрирует распределение оборота компании по всем ее продуктам, включая самые популярные продукты – "бестселлеры", а также более специфические и маргинальные продукты. Таким образом, это инструмент для разработки коммерческих и маркетинговых стратегий.

Модель состоит из двух элементов:

* "голова", характеризующаяся ограниченным количеством популярных или пользующихся высоким спросом товаров, каждый из которых обеспечивает высокий уровень продаж;

* хвост", характеризующийся большим количеством нишевых товаров или товаров с низким спросом, каждый из которых генерирует низкий уровень продаж.

ТЕОРИЯ

Теория длинного хвоста была популяризирована Крисом Андерсоном после анализа нескольких сайтов электронной коммерции, таких как Amazon (в частности, для книг), Rhapsody (онлайн-загрузки музыки), eBay (подержанные товары) и Netflix (потоковое воспроизведение фильмов). Этот острый аналитик действительно отметил, что в изученных случаях продажи самых популярных товаров составляли лишь часть общего оборота: т.е. прибыльность продаж зависит не только от самых популярных товаров. Чтобы продемонстрировать этот феномен, он написал свой бестселлер *"Длинный хвост"*.

С самого начала новая концепция бросила вызов многим бизнес-стратегиям и экономическим моделям, поскольку автор утверждает, что иногда выгоднее продавать не только бестселлеры; этот аргумент, безусловно, подкреплен доказательствами.

КОМПОНЕНТЫ

Длинный хвост: "голова" и "хвост

Как статистическая, так и стратегическая, эта концепция часто представляется в виде графика, на котором по горизонтальной оси (X) показаны проданные товары, а по вертикальной оси (Y) – количество продаж.

Синий участок – "голова" – показывает, что только несколько товаров приносят рекордное количество продаж, а желтый участок – "хвост" – показывает, что большинство товаров продается в очень небольших количествах.

Правило 80-20 и длинный хвост

Правило 80-20, также известное как принцип Парето, утверждающее, что 80% оборота обеспечивается за счет продаж 20% товаров, ставится под сомнение теорией длинного хвоста. На самом деле, Крис Андерсон демонстрирует, что правило 80-20 применимо только к нишевым рынкам, которые не были полностью освоены.

Сегодня, благодаря НИТК (новым информационным и коммуникационным технологиям), мы можем сократить масштабы производства, дифференцировать товары и использовать новые информационные технологии, чтобы воспользоваться благоприятными издержками на хранение. Кроме того, благодаря поисковым системам облегчается потребительский выбор, а ассортимент предлагаемых товаров позволяет потребителю найти то, что он ищет. Все эти продукты с низким спросом на нецифровом рынке становятся в масштабах Интернета – а значит, и в глобальном масштабе – продуктами, имеющими множество покупателей. Эти продукты могут быть столь же выгодны для оборота, как и популярные продукты, и даже отменить правило 80-20.

Прежде чем радикально опровергнуть такую теорию, как теория Парето, нужно сначала суметь продемонстрировать, что все присущие ей правила больше не действуют при изменении контекста. Согласно Андерсону, когда все ограничения спроса и предложения устранены и потребитель имеет доступ ко всем товарам, длинный хвост выстраивается автоматически.

Однако на деле все оказывается гораздо сложнее: дело не в том, что рынок игнорирует привлекательность длинного хвоста, скорее целевой рынок не позволяет использовать его преимущества. Это касается продуктов, спрос на которые очень низок и затраты на которые вряд ли можно оптимизировать (расходы на логистику, коммуникации и т.д.). Правило 80-20 можно отрицать только для некоторых рынков и продуктов: тех, которые являются цифровыми. В основном от этой реальности выигрывают рынки информационных технологий.

 ## В ЦЕЛОМ

В теории "длинного хвоста" речь идет о товарах, которые могут быть переведены в цифровой формат, таких как книги, музыка, фильмы и т. д. Как уже говорилось ранее, некоторым товарам — например, продуктам питания — трудно воспользоваться преимуществами, присущими цифровым товарам.

Поэтому предполагается, что компании с бизнес-моделью типа "длинный хвост" выступают за диверсификацию и дигитализацию своей продукции.

Расходы на производство, хранение и статистическое распределение

Феномен длинного хвоста предполагает, что оцифрованные товары повышают рентабельность за счет снижения затрат. Некоторые затраты, с которыми сталкиваются предприниматели, подвержены влиянию этой тенденции к снижению. В основном это затраты, связанные с производством, хранением и распределением.

- **Производство.** Бизнес-модель цифрового бизнеса основана на интенсивном использовании данных, генерируемых пользователями. Поскольку пользователь рассматривается как производитель данных, цифровым компаниям удается достичь очень высоких показателей доходности. Именно эффективная обработка и использование этих данных является основой цифрового будущего. Многие эксперты считают потребителя ключевым звеном в производственной цепочке цифровых технологий. Раньше компании могли производить продукцию внутри страны или за ее пределами, передавая часть производственного процесса на аутсорсинг. Сейчас появляется новая альтернатива – свободная работа, производимая пользователем. Эта работа производится добровольными соавторами, создающими контент. Третья возможность заключается в том, чтобы позволить пользователям помогать друг другу без вмешательства сотрудников, посредством предоставления платформы (форума). Таким образом, помимо обработки данных, цифровая экономика имеет "совместное производство" или "совместное производство" с пользователем, что позволяет осуществлять целенаправленное производство и потенциально высокую прибыльность. В заключение следует отметить, что цифровая экономика получает данные пользователей, анализирует их, преобразует в конкретные потребности и предлагает услугу или продукт, которые отвечают им. Обратите внимание, что личные данные пользователей и отсутствие законодательной базы для этих данных потенциально могут привести к злоупотреблениям.

- **Центральный склад или общий склад.** Запасы никогда не бывают несуществующими, но могут быть значительно сокращены в рамках цифровой экономики. Например, компания Amazon создала "киберсклад": товары хранятся в магазинах-партнерах и одновременно предлагаются и продаются онлайн. Благодаря такой стратегии этому гиганту удалось бесплатно хранить свою продукцию в миллионах магазинов. Другой интересный пример — цифровой склад, используемый компанией iTunes для снижения затрат на склад, упаковку, персонал, управление и т.д.

- **Диверсифицированное распределение.** Чтобы эффективно использовать преимущества теории длинного хвоста, потребителю должно быть предложено множество каналов, по которым он может получить продукт; некоторые предпочитают покупать через Интернет, другие — в магазине. Чем разнообразнее каналы распределения, тем больше потребителей будут удовлетворены и тем выше будут продажи.

Цифровизация выгодна как продавцу, так и потребителю:

- Продавцам больше не нужно пользоваться услугами посредников, как это часто бывает при крупномасштабной дистрибуции. Поэтому их норма прибыли выше.

- Человек, потребляющий массовые цифровые продукты на различных уровнях (фильмы, музыка, контент, программное обеспечение и т.д.), в полной мере оценивает различные каналы распространения и разнообразие виртуальных и/или конкретных продуктов;

- Спрос и предложение встречаются в благоприятном контексте.

Культурные и экономические последствия

В связи с огромным ростом использования Интернета, многих людей интересует именно его влияние на культурное разнообразие и индустрию развлечений. Так, по словам Криса Андерсона:

- Если стоимость хранения, которая отчасти влияет на альтернативную стоимость, очень высока, ассортимент продукции компании или, в более широком смысле, сектора, неизбежно ограничен и составляет лишь часть длинного хвоста, "головы". Далеко не удовлетворяя чаяния всех потребителей, эти флагманские продукты необходимы и оставляют мало места для разнообразия.

- И наоборот, когда затраты на хранение низки, "хвост" длинного хвоста может быть использован корпорациями и удовлетворить тех, кому нравятся популярные продукты, а также меньшинства и тех, у кого менее популярные вкусы.

Несколько примеров позволяют нам наглядно представить эту экономическую и культурную проблему:

- книжная индустрия

- телевизионные программы

- музыкальная индустрия

- и т.д.

Поэтому, когда стоимость хранения относительно низкая, телеканалы, книжная индустрия, музыкальная индустрия и т.д. могут предложить потребителям гораздо более широкий выбор и, как следствие, получить большую прибыль.

Некоторые делают вывод, что интернет благоприятствует рынку культурных продуктов и что эпоха "мейнстрима" (то есть "принятого наибольшим числом" или "неоригинального") закончилась, поскольку физические ограничения, налагаемые стоимостью хранения, стремятся исчезнуть из-за цифровизации.

Стратегия реферирования и длинный хвост

Теория длинного хвоста позволяет нам особенно хорошо проиллюстрировать ссылающиеся ссылки и оптимизацию поисковых систем (SEO), которая часто становится возможной благодаря онлайн-продаже каталога продукции, благодаря оптимизированным стратегиям.

 ЧТО ТАКОЕ РЕФЕРИРОВАНИЕ?

Реферирование означает выбор терминов, которые будут ассоциироваться с продуктами. Это обсуждается в двух разных контекстах:

<u>При крупномасштабном распределении.</u> Для удобства идентификации и управления запасами (закупка, хранение и выдача) продукция снабжается ссылочными

номерами. Эти номера обычно можно найти в каталогах и на полках, что позволяет вести инвентаризацию, как правило, с помощью компьютеризированной системы. Кроме того, ссылки в крупномасштабной дистрибуции также помогают обеспечить более последовательный контент и облегчают конверсию в онлайн-продажи, если это еще не так.

<u>В Интернете (поисковая оптимизация).</u> Оптимальное SEO направлено на улучшение видимости и позиционирования некоторых сайтов в Интернете. Эта работа, требующая постоянного внимания, основана на спектре ключевых слов, которые пользователи потенциально могут ввести в поисковую систему (Google, Yahoo и т.д.), чтобы найти то, что они ищут.

Если применить концепцию длинного хвоста к политике веб-ссылки, это означает сбор всех ключевых слов, которые могут привести к определенной информации или темам, в основном очевидных и популярных терминов, а также их менее популярных, менее конкурентоспособных и более маргинальных синонимов. По отдельности эти ключевые слова генерируют мало трафика, однако их сумма дает больший вклад, чем самые эффективные термины.

Поэтому важно учитывать эти наблюдения при разработке стратегии поисковой оптимизации. В зависимости от продуктов, которые вы хотите выделить, и, соответственно, ключевых слов, которые нужно с ними связать, вы столкнетесь с разными проблемами.

- **Легко правильно позиционировать себя в менее популярных поисковых запросах.** С одной стороны, позиционировать себя в менее популярных поисковых запросах обычно быстро и легко, потому что пользователь, ищущий что-то конкретное, будет правильно направлен на сайты, которые, скорее всего, ответят на его запрос. Это эффективно подпитывает "хвост" вашего длинного хвоста.

- **Трудно правильно позиционировать себя в конкурентных поисковых запросах.** С другой стороны, правильно позиционировать себя в конкурентном поиске сложно, долго и дорого, поскольку такой поиск не является целевым и может привлекать всевозможных неопределенных посетителей, не позволяя вам предложить подходящий продукт и правильно позиционировать себя (через качественное персонализированное обслуживание). Тогда велика вероятность того, что те, кто ищет что-то конкретное, быстро покинут ваш сайт, поскольку не смогут найти то, что ищут. Тем не менее, эта стратегия поможет вам лучше позиционировать ваши бестселлеры, "голову" длинного хвоста.

ПРАКТИЧЕСКОЕ ПРИМЕНЕНИЕ

СОВЕТЫ И РЕКОМЕНДАЦИИ

Правило № 1 – Расширенный каталог цифровых продуктов

Для того чтобы удовлетворить самые маргинальные потребности и охватить как можно больше потребителей, вы должны иметь возможность предложить разнообразный каталог цифровых продуктов.

Правило № 2 – Производство, хранение и цифровое распространение

- **Совместное производство** подразумевает предоставление части работы клиентам. Эффективное использование данных, предоставляемых пользователями, лежит в основе проблем цифровой экономики.

- Цифровой продукт не должен производиться в таком количестве экземпляров, как при его физическом **распространении**, что должно рассматриваться предпринимателем как преимущество.

- Цифровое **хранение** снижает основную часть затрат, с которыми сталкивается предприниматель в ситуации физического распространения.

Правило № 3 – видимые и доступные продукты

В настоящее время использование Интернета становится все более распространенным как в частном, так и в профессиональном контексте, и пользователи все больше привыкают использовать поисковые системы, что означает, что они методично подбирают ключевые слова, чтобы найти информацию, которую они ищут.

- **Важность ключевых слов.** Важно тщательно и вдумчиво выбирать ключевые слова: как те, которые будут питать "голову" длинного хвоста, так и второстепенные ключевые слова, которые будут питать его "хвост". Этот процесс долгий, но эффективный и прибыльный.

- **Важность содержания.** На посещаемость вашего сайта влияет не только количество второстепенных ключевых слов, но и, что, вероятно, более важно, ваше содержание. На самом деле, конкретные ключевые слова без конкретной информации будут генерировать лишь ограниченный трафик на страницы вашего сайта.

- **Учет скрытых расходов.** Вам следует сохранять осторожность, поскольку цифровая эра иногда сопряжена со скрытыми расходами. По данным европейского исследования, проведенного компанией Sungard (глобальный поставщик ИТ-решений во Франции) среди 150 профессионалов, расходы компании на обслуживание, лицензии, программное обеспечение и непредвиденные расходы составляют в среднем 597 700 евро в год.

Таким образом, тщательное определение спектра лексического поиска и представление качественного текстового контента стало обязательным для всех, кто хочет привлечь клиентов.

 СОВЕТЫ И РЕКОМЕНДАЦИИ

Чтобы разработать прибыльную стратегию "длинного хвоста", вы должны успешно позиционировать себя среди большого количества мелких целевых поисковых запросов. При этом трафик на ваш сайт будет расти. Помните о следующих советах:

думать и собирать конкретные поисковые запросы, чтобы попытаться ответить на все будущие требования пользователей;

после определения терминов вставьте их в текстовое содержание вашего будущего сайта;

ваш текстовый контент должен быть высокого качества: не стоит добавлять контент на сайт просто ради добавления контента; вы должны предоставлять пользователям ценную информацию, иначе они немедленно покинут вашу страницу или сайт;

выберите заголовок, который привлечет внимание читателя и побудит его посетить ваш сайт;

установите иерархию для ваших заголовков и абзацев;

поместите в текст достаточное количество ключевых слов;

тщательно отбирайте ссылки на другие сайты и отдавайте предпочтение качественным ссылкам, чтобы сохранить имидж вашего сайта;

стать "экспертом" (в зависимости от количества посетителей вашего сайта) по написанию контента в Google.

👁 ДОПОЛНИТЕЛЬНАЯ ИНФОРМАЦИЯ

Общие ключевые слова (общие значения, охватывающие ряд более конкретных слов) являются конкурентоспособными и состоят примерно из двух слов. Например, человек, ищущий сайт синонимов, введет "синоним + [искомое слово]". Этот поиск покажет только самые используемые сайты.

В отличие от них, вторичные ключевые слова менее популярны, но более конкретны. Это может быть, например, выражение (от трех до пяти слов и более), отражающее более целенаправленный поиск пользователя, ищущего конкретный контент.

ТЕМАТИЧЕСКОЕ ИССЛЕДОВАНИЕ – КНИЖНЫЙ ИНТЕРНЕТ-МАГАЗИН

Контекст

Книжный магазин "Y" решает, что, учитывая конкуренцию на книжном рынке и затраты на хранение и производство, будет выгоднее создать сайт, продающий цифровые книги онлайн. Зная о конкуренции, уже присутствующей в сети, они позаботятся о том, чтобы сделать сайт заметным, реализуя оптимальную стратегию SEO. Это включает в себя определение ключевых слов, которые они хотят ассоциировать с сайтом. Другими словами, они определят ключевые слова, которые пользователь, скорее всего, введет в поисковую систему и которые приведут – как можно прямее – на сайт книги Y.

Наличие диверсифицированного ассортимента продукции

Чтобы справиться с возросшей конкуренцией при продаже книг онлайн (Amazon, Fnac, Numilog и т.д.), у книжного магазина нет другого выбора, кроме как диверсифицироваться или нацелиться на определенную аудиторию. Поэтому продавец решает предложить в своем интернет-магазине цифровые комиксы, как бестселлеры, так и более специфические комиксы.

Минимизация постоянных затрат

Предлагая комиксы онлайн, Y сэкономит на постоянных расходах (хранение, производство и распространение – понятия, рассмотренные в разделе "Теория"). Тем не менее, они должны принимать во внимание скрытые затраты, связанные с онлайн-продажами:

- расходы на конвертацию или оцифровку файлов

- стоимость хранения цифровых данных

- расходы на обеспечение безопасности объекта

- судебные издержки, связанные с адаптацией издательских договоров.

Другие расходы появятся позже, такие как обслуживание веб-сайта, обновления и т.д.

Видимость

Книготорговец должен тщательно выбирать ключевые слова, учитывая, что чем более общими они являются (например, "книги" или "продажа", или ключевые слова, которые люди хотят видеть, такие как "бестселлер"), тем больше вероятность того, что они затеряются в потоке информации. Эти общие ключевые слова составляют всего около 20% от общего трафика, генерируемого поисковыми системами. Однако если они подобраны несколько более целенаправленно (в соответствии с деятельностью продавца), то непосредственно они будут составлять более 20%. Чтобы выделить книжный магазин среди крупных компаний, продающих книги онлайн, им придется выбирать ключевые слова, специфичные для содержания сайта, и ставить себя в положение интернет-пользователей, ищущих конкретную информацию.

Помимо выбора ключевых слов, книжный магазин также должен будет оптимизировать текстовое содержание сайта, чтобы сделать его привлекательным, интересным, релевантным и подробным. Делая это, он будет питать "хвост" длинного хвоста (сектора). Например, они выберут домашнюю страницу, содержащую определенный текстовый контент, чтобы соответствовать конкретным пользователям поисковых систем. Обратите внимание, что некоторые части этого контента изначально не будут рассматриваться людьми, использующими ключевые слова, и что это будет генерировать только "стерильный" трафик.

С другой стороны, существует большая вероятность того, что появятся некоторые слова, которые не рассматривались книготорговцем в качестве ключевых слов.

Прежде чем предложить цифровой продукт, книготорговцу придется пройти несколько этапов.

1. Структурирование информации в наглядной и последовательной форме для привлечения внимания посетителя.

2. Выбрать ключевые слова, вокруг которых следует позиционировать себя (синонимы, выражения и т.д.). Они могут даже провести перспективное исследование, пройдя обучение в поисковых системах, чтобы найти конкурентов на рынке комиксов.

3. Создайте качественный текстовый контент, в котором будут отображаться выбранные ключевые слова и фразы.

Между тем, продукт, предлагаемый посетителям, должен быть достаточно разнообразным, чтобы охватить разнообразную аудиторию.

ВЛИЯНИЕ

ОГРАНИЧЕНИЯ И КРИТИКА

Хотя анализ культурного сектора, проведенный Крисом Андерсоном, приветствовался и продвигался теми, кто, как и он, предчувствовал выгодный и привлекательный исход для сектора, правда фактов и различные анализы опровергают или, по крайней мере, контекстуализируют его обоснованность и последствия для структуры рынка.

Даже с Интернетом длинный хвост не генерирует больше продаж, чем раньше

Уилл Пейдж, директор Spotify, проанализировал продажи музыки в Интернете. Он отметил, что из 13 миллионов доступных наименований 10 миллионов не приносят никаких продаж; 8% продаж приходится на 40 наименований, а 3% от общего числа проданных наименований приносят 80% оборота. По его словам и в свете его анализа, экономика бестселлеров еще не закончилась.

Доходы от бестселлеров по-прежнему значительно превышают доходы от "хвоста" длинного хвоста

Пьер-Жан Бенгози и Франсуаза Бенхаму, французские экономисты, также занимались этим вопросом. Они проанализировали продажи компакт-дисков и DVD-дисков через Интернет. Из этого исследования следует, что возникает эффект длинного хвоста, но он настолько медленный, что вряд ли способен пошатнуть известную всем структуру рынка. На самом деле, менее 10% музыкальных продуктов составляют более 90% продаж, а десять наиболее коммерциализируемых наименований способны увеличить свою долю в общем доходе.

Однако основная критика исходит от Аниты Элберс (профессор экономики в Гарварде, родилась в 1973 году), которая после десяти лет исследований и анализа рынков культуры и развлечений сумела доказать обратное. По ее словам, интернет не произвел революции в отношениях между людьми и культурным разнообразием; напротив, она утверждает, что бестселлеры диктуют рынку больше, чем когда-либо прежде. Поэтому именно "голова", а не "хвост", является самым влиятельным в эпоху Интернета. В своей книге *"Блокбастер"* (2013) доктор Элберс иллюстрирует свои утверждения на примере киноиндустрии, объясняя далее, что если финансовые инвестиции в бестселлеры столь огромны (а значит, рискованны), то это лишь защита от рисков, присущих такому неопределенному рынку. В это трудно поверить.

 Индустрия кино

Один фильм стоит 10 миллионов долларов, а другой – 100 миллионов долларов. Цена, которую заплатит потребитель, будет абсолютно одинаковой, независимо от производственных затрат на художественный фильм: посмотреть фильм в кинотеатре будет не дороже и не дешевле, чем приобрести DVD. Таким образом, по логике вещей, фильм с самыми дешевыми производственными затратами (10 миллионов долларов) должен получить наибольшую прибыль: более того, производственная студия может позволить себе выпустить 10 фильмов вместо одного с бюджетом в 100 миллионов долларов. Как можно представить себе, что эта ситуация может обернуться в пользу блокбастеров?

Анита Элберс подкрепляет эту идею на примере компании Warner Bros., которая практически производит только блокбастеры (*Гарри Поттер, Шерлок Холмс* и т.д.) и для которой "не рисковать" – это риск. Основывая свою стратегию на крупных проектах, эта киностудия стала первой, чей кассовый сбор в США 11 лет подряд превышал один миллиард долларов США.

Чтобы представить противоположную стратегию, эксперт останавливается на примере сети NBC Universal, которой в то время руководили Джефф Цукер (1965 года рождения) и Бен Сильверман (1970 года рождения). Стремясь максимизировать прибыль за счет стратегии снижения затрат и рисков, их компания быстро потерпела крах. Отказываясь от крупных постановок с актерами мирового кино или продюсерами по колоссальным ценам, пытаясь обеспечить цепочку доходов, NBC стала уходить на обочину. Отсутствие амбиций и финансирования, а также нежелание рисковать привело к незаинтересованности профессионалов отрасли и падению их рейтинга с первой позиции до четвертой.

Затем автор распространяет свои рассуждения на другие области и пытается доказать, что это явление повторяется. По ее словам, нет никаких сомнений: именно бестселлеры приносят прибыль и обеспечивают большую часть финансовой рентабельности продаж. Сегодня даже компании, придерживающиеся теории длинного хвоста, начинают сдаваться перед несравненной логикой блокбастеров; это касается Netflix или Amazon. Учитывая впечатляющие показатели продаж своих конкурентов, принявших эту стратегию, многие переориентируют свой анализ.

СВЯЗАННЫЕ МОДЕЛИ И РАСШИРЕНИЯ

В этом разделе представлены три модели, связанные с теорией длинного хвоста. После того как они несколько раз упоминаются в связи с теорией длинного хвоста, далее развивается принцип Парето, а также модель ABC, которая является возможным ответом на него.

Само собой разумеется, что все модели распределения не могут быть сведены к этим трем моделям, существуют и другие модели.

Принцип Парето

Наиболее известной связанной с этим моделью является принцип Парето, также называемый правилом 80-20. Как и теория длинного хвоста, принцип Парето используется как инструмент разработки стратегий продаж и маркетинга, а также как статистический инструмент. В данном контексте мы сосредоточимся на первом варианте использования.

Так, согласно принципу Парето, "80% следствий являются результатом 20% причин", что можно перевести на язык бизнеса как "20% продуктов генерируют 80% продаж" или "20% клиентов генерируют 80% продаж". Несмотря на свой универсальный характер, этот принцип не был научно доказан во всех областях. Некоторые считают, например, что только 20% клиентов генерируют 80% оборота. Кроме того, что правило 80-20 требует точности, оно должно быть адаптировано к отрасли и отделу компании, к которому применяется.

Более того, этот принцип вызывает опасения по поводу эффективности. Если 80% товаров — наименее продаваемых — приносят некоторый доход, предположительно 20%, то его можно увеличить, если значительно снизить альтернативные издержки. Именно это раскрывает Крис Андерсон в теории длинного хвоста.

Модель ABC

Модель ABC дает дополнительную перспективу. Она предполагает, что принцип Парето игнорирует промежуточные уровни, и поэтому трудно судить об их важности.

Модель ABC классифицирует эффекты по трем категориям. Таким образом, учитываются даже менее прибыльные слои.

- Категория A: 20% клиентов генерируют 80% продаж.

- Категория B: 30% клиентов обеспечивают 15% продаж.

- Категория C: 50% клиентов генерируют 5% продаж.

Так считает Анита Элберс, по мнению которой блокбастеры являются причиной большей части оборота на рынке культуры и развлечений.

ЗАКЛЮЧЕНИЕ

Модель Криса Андерсона представлена как дополнение к принципу Парето и модели ABC. При применении к конкретному рынку "длинный хвост" фактически развивает теорию, параллельную этим двум моделям, не дискредитируя их.

Напротив, теория Аниты Элберс критикует теорию длинного хвоста и ставит под сомнение ее актуальность.

РЕЗЮМЕ

- Теория длинного хвоста – это статистическая и экономическая модель, созданная и представленная в 2004 году Крисом Андерсоном в контексте цифрового сектора.

- Эта модель стала возможной благодаря развитию технологий и осуществима в контексте продаж цифровых товаров или услуг, поскольку затраты на производство, хранение и распространение низки или вообще отсутствуют.

- Дополняя принцип Парето, теория длинного хвоста предполагает, что в данном конкретном секторе наиболее популярные продукты не обязательно являются теми, которые генерируют наибольший оборот.

- По мнению Криса Андерсона, эксплуатация "хвоста" длинного хвоста открывает возможность для получения прибыли в долгосрочной перспективе.

- Доктор Анита Элберс осуждает модель Криса Андерсона. После 10 лет исследований она утверждает, что даже в эпоху Интернета блокбастеры диктуют рынок культуры и развлечений.

- Помимо теории длинного хвоста, существуют и другие модели, представляющие другие системы распределения: в частности, принцип Парето и модель ABC.

- Модель длинного хвоста может применяться как часть стратегии SEO в интернете. Совет: позиционирование себя на менее конкурентных и более специфических рынках позволит вам воспользоваться положительным эффектом "длинного хвоста" SEO.

ДАЛЬНЕЙШЕЕ ЧТЕНИЕ

БИБЛИОГРАФИЯ

Андерсон, К. (2012) *Длинный хвост: почему будущее бизнеса – это продажа меньшего из большего*. Париж: Flammarion.

Andrieu, O. (2008) Pourquoi la notion de "Longue Traîne" est-elle nécessaire dans une stratégie de référencement? *Abondance*. [Online]. [Accessed 21 April 2015]. Available from: < http://docs.abondance.com/question123.html>.

Avenier, M. (2014) La longue traîne une stratégie de référencement. *Le guide*. [Online]. [Accessed 21 April 2015]. Доступно по адресу: < http://www.abime-concept.com/blog/2014/03/27/la-longue-traine-une-strategie-du-referencement/>.

Benghozi, J-P. and Benhamou, F. (2008) Longue traîne : levier numérique de la diversité culturelle. *Culture prospective*. [Online]. [Accessed 21 April 2015]. Available from: < http://www2.culture.gouv.fr/deps/fr/traine.pdf>.

Bloquet-Prevost, C. and Manneval, M. (2014) Exploitation des données fournies par les utilisateurs : l'enjeu de l'économie numérique. *Revue Sorbonne*. [Online]. [Accessed 21 April 2015]. Available from: < http://www.univ-paris1.fr/fileadmin/diplome_M2OFIS/OFIS_2013-2014/Articles/article_Revue_OFIS_mars_2014_Bloquet-Prevost_Manneval.pdf>.

Кассини, С. (2015) Les coûts cachés du cloud. *Les Échos*. [Online]. [Accessed 21 April 2015]. Available from: < http://www.lesechos.fr/journal20150331/lec2_high_tech_et_medias/0204266382278-les-couts-caches-du-cloud-1106920.ph>

Делерс, А. (2014) *Принцип Парето*. Брюссель: Издательство Lemaitre.

InfoWebMasterRéférencement. (2008) *Longue traîne.* [Online]. [Accessed 21 April 2015]. Доступно по адресу: < http://www.infowebmaster.fr/40,news-referencement-longue-traine.html>.

Jimdo. (2013) *5 conseils pour rédiger des textes optimisés pour Google*. [Online]. [Accessed 21 April 2015]. Доступно по адресу: < http://fr.jimdo.com/2013/12/27/5-conseils-pour-r%C3%A9diger-des-textes-optimis%C3%A9s-pour-google/>.

Лакомблет, Д. (2014) Интернет. La longue traîne n'a-t-elle pas toujours été qu'une utopie ? *Slate Reader*. [Online]. [Accessed 21 April 2015]. Available from: < http://www.slate.fr/tribune/84585/longue-traine-blockbusters>.

Ле Кам, Н. (2013) La longue traîne, l'atout de votre SEO. *LunaWeb*. [Online]. [Accessed 21 April 2015]. Доступно по адресу: < http://blog.lunaweb.fr/seo-longue-traine/>.

Mataf.net. (Без даты) *Définition coût d'opportunité.* [Online]. [Accessed 21 April 2015]. Available from: < https://www.mataf.net/fr/edu/glossaire/cout-d-opportunite>.

Жено. (Без даты) *Qu'est-ce que la longue traîne (ou long tail).* [Online]. [Accessed 21 April 2015]. Available from: < http://www.wifeo.com/documentation-77.html>.

ДОПОЛНИТЕЛЬНЫЕ ИСТОЧНИКИ

Афуа, А. (2014) *Инновации бизнес-моделей: Концепция, анализ и примеры*. Нью-Йорк: Рутледж.

Элберс, А. (2013) *Блокбастеры*. Нью-Йорк: Henry Holt books.

Блог Криса Андерсена. http://www.longtail.com/

Мы хотим услышать от вас!
Оставьте комментарий о вашей онлайн-библиотеке
и поделитесь своими любимыми книгами в социальных сетях!

IMPROVE YOUR GENERAL KNOWLEDGE
IN THE BLINK OF AN EYE!

Мастер ISBN: 9782808601597

Бумажный ISBN: 9782808603041

Легальный депозит: D/2022/12603/305

Цифровое оформление: Primento,
цифровой партнер издателей.